Jens Korbus
Charlotte

Die Deutsche Nationalbibliothek verzeichnet diese Publikation in der Deutschen Nationalbibliothek; detaillierte bibliographische Daten sind im Internet über http://dnb.d-nb.de abrufbar.

Umwelthinweis:
Dieses Buch wurde auf chlorfrei
gebleichtem Papier gedruckt.

© 2015 by Jens Korbus
Herstellung und Verlag:
BoD – Books on Demand GmbH, Norderstedt
1. Auflage
Layout und Cover: Manuela Wirtz, www.manuwirtz.de
Covergemälde: Hanns Lansch „Die Gastfreundin"
Bild Seite 4: Charlotte_von_Stein.jpg, © Kentin, Wikimedia Commons
Printed in Germany
ISBN 9783738649390

Jens Korbus

CHARLOTTE

Ein Sprechstück über Goethe, Eckermann
und Frau von Stein

Charlotte von Stein (25.12.1742, † 6.1.1827)*

Goethe und Eckermann sitzen im Goethe-Haus in Weimar, im Junozimmer. Im Hintergrund ist der kolossale weiße Junokopf zu sehen, den Goethe aus Italien mitgebracht hat. Wir haben Freitag, den 25. März 1825. Die Überschriften der Szenen werden auf einem Prospekt auf der Bühne vorbeigetragen, im Hörspiel durch einen Sprecher angesagt.

I. Vom Hörensagen, Silhouette, Zimmermann

ECKERMANN: In diesem Jahr jährt sich zum 50. Mal der Regierungsantritt des Großherzogs Carl-August. Es ist nun 50 Jahre her, dass Sie nach Weimar kamen und Frau von Stein kennenlernten. Erzählen Sie doch ein wenig von ihr, da Sie bisher so lange darüber geschwiegen haben! Im Alter denkt man ja über manches anders.

GOETHE: Ich wusste ja vom Hörensagen mehr über sie, als ihr lieb sein konnte! Und sie über mich! Schon vor unserer Bekanntschaft hatte sie Dr. Zimmermann, ihren Badearzt in Bad Pyrmont, über mich ausgehorcht, und seine Worte und die Lektüre des Werther hatten einen so nachhaltigen Eindruck bei ihr hinterlassen, dass ich keine Mühe hatte, sie für mich zu gewinnen. Aus dem Herzen gesprochen: Es war echte, wirkliche Liebe! – Aber sie war sich auch schnell klar über mich geworden. Ich war unstet. Ein Blatt im Wind. Wusste nur von meiner Begabung! Und Zimmermann hatte mir ihren Schattenriss gezeigt, der war sehr schön und lieblich. Sie glaubte, ihr Leib sei nach sieben Geburten verstümmelt, aber mich zog er an, wie ich in der Neufassung meines Werther gezeigt habe! Lange vor unserer Begegnung im November 1775 hatte mir Zimmermann in Frankfurt ihre Silhouette gezeigt. Sie erinnerte mich an Lotte Buff aus dem Werther, und ich war sogleich hingerissen, dazu eine adlige Frau, die den Werther gelesen hatte und sich offenbar für mich interessierte. Sie würde für mich der Schlüssel zum Weimarer Hof sein. Zimmermann hat sich ihr gegenüber sehr schmeichelhaft über mich geäußert. Am 29.12.75. Und am 19.1.76: „Le plus beau, le plus vif, le plus originel. Le plus ardent, ... le plus séduisant et le plus dangéreux pour le cœur d'une femme ..." Und sie dachte: Ich hab den Stein gezähmt, den zähme ich auch. Sie erhielt vom Hof die Doppelaufgabe, mich zu lieben und mich zu erziehen. Zimmermann hat das Seine dazu getan! Er hatte es gemacht wie das jüdische Schadchen. – Er hat beide Seiten vortrefflich aufgeheizt!

ECKERMANN: Was war sie eigentlich für ein Charakter?

GOETHE: Alle liebten sie. – Nur die Herzogin Luise liebte sie schöner, als es das Herkommen erlaubte!

II. Die Begegnung, Scherfgasse, Teichgasse, Weimar, Kochberg, Hof

GOETHE: Durch Zimmermanns Kuppelei hatten wir ja beide den Kopf füreinander frei! Ich hatte ja schon vor Weimar jede kleinste Gefühlsreaktion preisgegeben. Am Hof brauchte man solche Popanze! Auf Einladung des Herzogs traf ich am 7. November 1775 in Weimar ein. Vier Tage später, am 11. November, traf ich die Frau von Stein im Stadthaus der Familie von Stein in der Teichgasse. Es war das ehemalige Landschaftskollegialhaus, ein hübscher Doppelbau. Das Haus lag unmittelbar neben dem Stadthaus der von Schardts, in dem Charlotte großgeworden war. Stein hatte übrigens auch eine Schwester namens Charlotte. Der verfluchte Name! Der Herzog stellte mich vor. Wir hatten ja beide voneinander gehört und waren ziemlich neugierig aufeinander. Zimmermann hatte mehr als gehörig gekuppelt. Liebe war damals das am häufigsten gebrauchte Wort. Am frühen Nachmittag des 11. November 1775 trat ich bei Dämmerlicht zusammen mit dem Herzog in das Besuchszimmer ihres Elternhauses in der Scherfgasse, in welchem sich außer der Mutter des Herzogs, Anna Amalia, noch die beiden Fräulein von Ilten befanden, die sich an Charlotte angeschlossen hatten. Charlottes schöne selbstgewisse Fraulichkeit bekam sofort Gewalt über mich.

ECKERMANN: Hätten Sie geglaubt, dass einmal eine so tiefe Beziehung daraus wird?

GOETHE: Ich wusste damals nicht, dass das Leben für sie seinen vollen Reiz längst verloren hatte. Ihr fehlte ein Herz, das in Liebe und Freundschaft mit ihr übereinstimmte. – Ich wusste damals sofort, dass sie ganz einstimmig zu meiner persönlichen Entwicklung beitragen würde. Es war wie ein Blitz, der mich gestreift hatte. Ich fühlte mich wie gelähmt! – Ihr Haus, in dem ich sie traf, war ein eingeschossiger Bau, nicht besonders repräsentativ, mit einem großen Garten. Die Gartengrundstücke stießen direkt an Charlottes Elternhaus in der Scherfgasse. Übrigens waren die Gärten durch eine Pforte miteinander verbunden. Alles war eng beieinander, man konnte unmöglich etwas für sich allein tun. Hier hatte sie mit ihrem Mann und ihren Kindern elf Jahre lang gewohnt, ganz nah bei ihrer Mutter. Aber schon am 14. November 1777 zogen sie und ihr Mann in das Haus am Eingang des Weimarer Parks um. Ich selbst zog zwei Jahre später in die Seifengasse 16, ganz nah bei ihr. Ihre und meine Wohnung waren durch eine Pforte miteinander verbunden.

ECKERMANN: Wie sah sie eigentlich aus?

GOETHE: Sehr niedlich. Rote Wangen, schwarze Haare und Augen, ihre Haut italienisch. Der Körper mager. Ihr ganzes Wesen elegant mit Simplizität! Ihre Stimme war sanft und bedrückt. Ernst, Sanftmut, Gefälligkeit, leidende Tugend sah jeder Mensch bei ihrem ersten Anblick im Gesicht. Die Hofmanieren, die sie vollkommen an sich hatte, waren bei ihr zu einer echten Einfalt veredelt! Sie hatte zu Zimmermann gesagt, ich sei für sie ein gefallener Engel, das sagt alles. Zimmermann schrieb mir, dass ich für sie „coquet" war, jemand, der nicht genug Achtung vor ihrem Geschlecht habe. Ich, der ich mit einer hochgebildeten Schwester großgeworden war! Da ist seine ganze Kuppelei ein bisschen eingebrochen. Ich wurde vorsichtiger! Sie war auch am Anfang von mir enttäuscht! Im Grunde hatte mich jede meiner Frauen richtig beurteilt: Lotte Buff, Friederike, Lili Schönemann und die Frau von Stein: Ich war und blieb ein Luftikus.

ECKERMANN: Von wem ging es aus?

GOETHE: Es ging von ihr aus, dank Zimmermann, denn ich hätte nie gewagt, eine verheiratete, ältere Adlige erobern zu wollen! Sie aber hatte am Hof gelernt, ihre Zuneigung auch indirekt zu zeigen! An Zimmermann schrieb sie: Trop de jeunesse et peu d'expérience. Ich war und blieb ein Bürgerlicher, der ohnedies oft gewisse Verhältnisse aus den Augen setzte. Sie meinte damit vor allem ihre Ehe, dann ihren Adel! In ein innigeres Verhältnis zu ihr trat ich erst Mitte Januar 1776, nach einigen Besuchen in ihrem Hause. Ihre Briefe an mich waren klar, von keiner Eitelkeit durchdrungen und von einer unglaublichen Intuition. Sie vertraute ihrem intuitiven Urteil blind. Und richtig. – Nur von mir ließ sie sich ein wenig beeinflussen! „Was er sonst noch aus mir macht", sagte sie zu Dr. Zimmermann. Anfangs hielt sie meine Zuneigung für schwärmerische Einbildung! Sie hatte für mich auch etwas Schwesterliches. Aber ich war hier auch Faktotum. Da lebte Serenissimus in seinem Schloss und überwies mir als milde Gabe Bertuchs Gartenhaus. Der hat mir das später verübelt. Die Beziehung wurde schnell eng. Sie machte sich nichts daraus, wenn ich mit anderen Frauen herumschäkerte, wenn ich es ihr nur hinterher gestand. Da ich keine Wirtschaft hatte, aß ich gewöhnlich im Haus der Frau von Stein in der Teichgasse. Stein selbst aß bei Hofe! Und ich konnte in Weimar im „Teuschten Merkur" veröffentlichen, den Wieland im Selbstverlag herausgab und von dem er lebte.

III. Die Beziehung, 10 Jahre, viele Reisen, tägliche Zettel, in die Bäder

GOETHE: Dass ich mit ihr über mein irdisches Dasein hinausgedacht habe, beweist Ihre eigene Nähe zu mir, Eckermann. So wird es dem Publikum auch mit der Stein gehen! Ich habe mit der Stein nur die Art der Kommunikation mit Auguste von Stolberg fortgesetzt, mit der ich Briefe wechselte. Die duzte ich ja auch von Anfang an! Ohne sie jemals gesehen zu haben! Aber im Leben war immer noch Charlottens Ehemann, und sie konnte sich ihm ja nicht verweigern, das wusste ich.

ECKERMANN: Zimmermann muss mit beiden Seiten, mit Charlotte und ihrem Mann Josias geredet haben!

GOETHE: Sie stand ja, noch als Erwachsene, unter dem strengen pietistischen Reglement ihrer Mutter. Am Hof war ich schnell integriert. Wir spielten zusammen Theater und waren uns dabei so nah. Am 19.2.1776 führten wir Cumberlands „Westindier" in der Übersetzung von Bode auf. Die Müßiggänger-Gesellschaft, zu der ich jetzt auch gehörte, führte ihn auf der bürgerlichen Bühne auf. Ich spielte den

Belcours, Charlotte von Stein die junge Charlotte von Rußport, die Geliebte von Karl Dudly. Was spielte die da anderes als ihre eigene Situation! Ich spielte den von der Zivilisation enttäuschten amerikanischen Ureinwohner. Das Stück hatte damals viel Zug. Im übrigen verließ sie sich auf ihr Unbewusstes, und das war unerbittlich! Wenn sie sich von mir entfernte, innerlich wie äußerlich, zog sie mich viel stärker an. Das wusste sie. „Was rechte Weiber sind, sollten keine Männer lieben, sie sind's nicht wert!"

ECKERMANN: Aber Sie waren nicht adlig!

GOETHE: Als ich meine Iphigenie schrieb, war ich durch sie zum Adligen geworden. Dann in erneuter Potenz, in den Blankversen in Italien! Eine ältere Frau liebt einen jüngeren Mann und will ihn halten! – Was macht sie da? Sie war beherrscht, ich war gefühlsselig, vom ersten Augenblick an. Dann lernte ich, mich auch zu beherrschen, und langsam – innerhalb von Jahren – gewann ich wieder Macht über mich! Ich musste sie, mit ihrer angeborenen, überraschenden Objektivität, niederringen, und das ging nur mit Tricks! – Ich schlich mich weg und kam erst in Rom zu mir selbst – – und zur freien Liebe! Ich wollte wissen, ob ich überhaupt noch alleine auskam. Als ich fünfzehn war, war sie schon verheiratet, und ich hatte gerade die Sache mit Gretchen hinter mir. Und als ich mit sechzehn nach Leipzig musste, trug sie ihr erstes Kind im Bauch! Sie konnte nicht instinktmäßig lieben, es verlangte sie nach Vollkommenheit für den Mann, der sie anzog. Sie wollte um des Anderen willen immer besser werden! Deswegen schrieb sie auch an Zimmermann: „Ich weiß nicht, was er sonst noch aus mir machen wird." Und ich dachte: Wenn ich nur leben könnte, ohne zu lieben! Es war einfach so, dass am Hof Anna Amalias der Belletrist einem Adligen gleichgesetzt wurde. – Das gab es an keinem anderen Hof in Deutschland!

ECKERMANN: Sie nannte Sie „El penseroso", der Schweigende!

GOETHE: Ich habe so viel geschwiegen, weil ich meine Gedanken in Gesprächen nicht aufgebraucht sehen wollte und sie in das, was ich gerade schrieb, einbrachte! Es arrangierten sich am Weimarer Hof alle, der Herzog und die Herzogin, Stein und Charlotte, der Ratgeber Knebel und Herzog Carl-August, dessen Geliebte Knebel heiratete. Ihren unehelichen Sohn adoptierte er. Aber meine Eifersucht gegenüber Stein war noch stark. Stein hatte ihr elf Jahre lang Lust bereitet, und ihr hatte es wohl auch Spaß gemacht! – Warum sollte ich es nicht auch ein paar Stunden lang tun? Sie war eine Frau in den besten Jahren, die körperliche Liebe gewohnt war. Da sie nicht mehr mit Stein schlief, musste er geglaubt haben, ich sei der Grund dafür! Sie hat nie ihr Urteilsvermögen mir gegenüber aufgegeben, wie manche Frauen vor und nach ihr! – War nicht von meinem Nimbus und meiner Position bei Hofe überwältigt! – Jedenfalls nicht in diesem Zwergstaat! Zeitweise war ich völlig von ihr eingenommen, von ihrer Seele, aber auch von ihrem Leib! Es begann eine „Billet-Krankheit" zwischen uns!

ECKERMANN: Ich möchte Ihnen einen Brief an Frau von Stein vorlesen. Er ist vom 21.5.76: „Gestern, als ich zu Bette gehen wollte und mir ihr Armband in die Hände kam, machte ich mir Vorwürfe. Guten Morgen, Beste." Und am 26.5.: „Ist's Ihnen nach der gestrigen Torheit wohlgeworden?"

GOETHE: Es hatte schon früh Klatsch gegeben! – Und Klatsch gibt es nur, wenn etwas dahintersteckt! Sonst brauchte man ja auch keine Angst davor zu haben. Eine geschwisterliche Beziehung hätten wir offen ausleben können. Hier war mehr! – Sie hat auch taktiert! Sie hat sich immer wieder mal, aus Angst vor dem Klatsch, vor mir zurückgezogen. Ich dachte oft, sie ist jetzt weg. Am Abend des 5.8.1776 aber trat sie zu mir in die Stube des Ilmenauer Gasthofes mit ihrem zahmen Vögelchen auf der Schulter. Sie trug einen rosa Schleier, hohe, rosa Schuhe und ein weißes Kleid. Sie hat das Spiel mitgemacht. – Ich wohnte ja im Amtshaus. Wir übernachteten gemeinsam im Gasthof. Am 9.8.76 schrieb ich an Herder: „Den Engel, die Stein, habe ich wieder ..." Der Schleier rückte ihr hübsches Gesichtchen in den Schatten und kleidete sie ungemein! Überflüssiger Schmuck, Seidenreifrock und Fischbeinkorsett.

ECKERMANN: Ich will Ihnen hier etwas aus Ihrem Werther vorlesen: „Das Vögelchen küsst mich auch, sehen Sie. Als Sie dem Tierchen den Mund hinhielt, drückte es sich so lieblich an die süßen Lippen, als wenn es die Seligkeit hätte fühlen können, die es genoss. Er soll Sie auch küssen, sagte sie und reichte den Vogel herüber." –

GOETHE: Sie machte mir ja selbst das Angebot, indem sie kam! Sie spielte das gleiche Spielchen wie ich, nur taktisch klüger und besser!

ECKERMANN: Das muss ein Auftritt gewesen sein!

GOETHE: Als sie sah, sie ist aus dem Spiel, hat sie sich zurückinszeniert!

ECKERMANN: Ich hab noch eine andere Stelle im Kopf:

> *„Ihr Käfigvögel, die durch Zwitschersänge*
> *Zu neuer Lust und nie zu früh uns wecktet!*
> *Ihr kanntet uns, von eurem Schutz umfriedet,*
> *Teilnehmend Sie, mich immer unermüdet.*
>
> *Und wie wir oft sodann im Raub genossen*
> *Nach Buhlenart des Ehstands heilige Rechte,*
> *Von reifer Saat umwogt, vom Rohr umschlossen.*
> *An manchem Unort, wo ich's mich erfrechte*
> *…"*

GOETHE: Ich musste improvisieren, weil wir kaum Zeit hatten. Sie machte sich ihre Lieben gern untertan, ihre Käfigvögel, ihren Spitz.

ECKERMANN: Ich muss Ihnen noch ein anderes Gedicht zitieren:

> *„Wenn ich deinen lieben Leib umfasse*
> *Und von deinen einzig treuen Lippen*
> *Langbewahrter Liebe Balsam koste,*
> *Selig spreche ich dann zu meinem Geiste: …"*

Sollen das alles nur Wünsche gewesen sein?

GOETHE: Der Hof tolerierte diese Liebe, so lange keiner der Beteiligten darüber redete.

ECKERMANN: Und dann noch etwas aus Ihrem Drama „Die Geschwister": „Die Welt wird mir wieder lieb; ich hatte mich so los von ihr gemacht; wieder lieb durch sie. Mein Herz macht mir Vorwürfe; ich fühle, dass ich ihnen und mir Qualen zubereite. Vor einem halben Jahr war ich so bereit zu sterben, und ich bin's nicht mehr." Die Semikolons in ihrem Text verraten Ihre Exzellenz.

GOETHE: Als sie mit Lenz für sechs Wochen nach Kochberg ging, schrieb ich einen sehnsuchtsvollen Brief an sie. Sie schrieb auf die Rückseite:

> *Ob's Unrecht ist, was ich empfinde,*
> *und ob ich büßen muss die mir so liebe Sünde,*
> *will mein Gewissen mir nicht sagen,*
> *vernicht es, Himmel, wenn's mich je könnt anklagen.*

Sie stellte sich ja für ihre Leidenschaft sogar gegen den Himmel und gegen ihr Gewissen.

ECKERMANN: Sie haben doch immer aus dem Leben geschöpft. Für die folgende Stelle aus der zweiten Fassung des Werther gibt es doch auch bestimmt Vorbilder! – Sagen Sie mir etwas dazu: „Wir reizend es war, wenn er von ihrer Gestalt, von ihrem Körper sprach, der ihn, ohne jugendliche Reize gewaltsam an sich zog und fesselte …" Und weiter: „ Er habe weder essen noch trinken noch schlafen können, es habe ihm an der Kehle gestockt, er habe getan, was er nicht tun soll, was ihm aufgetragen worden, habe er vergessen, er sei als wie von einem bösen Geist verfolgt gewesen, bis er eines Tags, als er sie in einer der oberen Kammern gewusst, ihr nachgegangen, ja vielmehr ihr nachgezogen worden sei; … Endlich gestand er mir auch mit Schüchternheit, was sie ihm für kleine Vertraulichkeiten erlaubt und welche Nähe sie ihm vergönnet."

GOETHE: Sie hat auch ihren Körper eingesetzt, wenn es eng wurde! Und ich hatte schon im Werther geschrieben, dass ich so gut als einer wusste, wie wichtig der Unterschied der Stände ist, wie viele Vorteile er mir selbst verschafft: Nur sollte er mir nicht gerade im Wege stehen. Und zwei Tage nach dem Treffen schrieb ich an Charlotte: „Du hast alles, was ich getan habe von dir loszukommen, wieder zugrunde gerichtet."

ECKERMANN: War es Moral oder Unmoral?

GOETHE: Es war beides! Nach dem Motto: Wir lieben uns so sehr, dass wir das Recht zu allem haben. Und Stein ließ mich deshalb auf offener Straße verprügeln, als ich einmal nachts von ihr kam. Ich schrieb ihr das auch Anfang August 1776, dass ich, von ihr ausgehend, von Vagabunden attackiert worden sei. Stein hat mich wahrscheinlich beobachten lassen und Verdacht geschöpft. So ohne Weiteres gab kein Adliger seine Frau an einen Bürgerlichen ab! Warum soll ich also bekennen, was ohnehin jeder weiß? Unsere Briefe waren so intim, dass man sich das letzte Glück nicht wegdenken kann! Aber man musste immer zeigen, dass man es ehrlich meinte. Dafür war der Pietismus das geeignete Mittel! – Und ihre Versorgung, das schöne Rittergut!

ECKERMANN: Sie werden beide Ihren Briefen keine Intimitäten anvertraut haben, dazu war die Situation zu heikel. Ab und zu rutschte aber doch etwas mit durch: „Vorwürfe …!"

GOETHE: Zeitweilig spielte sie auch mit mir! Ich blieb für sie immer noch ein Bürgerlicher, und der Stand bestimmte immerfort unser Verhältnis! Der Hof war ein Konglomerat, dem sich niemand entziehen konnte. Vielleicht hatte Charlotte von Stein tatsächlich den Auftrag, sich um mich zu kümmern. Und ich, so schlau ich war, wusste das bestimmt – und habe es zu unterlaufen versucht. – Aber das ist schon wieder zu viel Verstand und zu wenig Gefühl! Sie war auch unnachsichtig. Als ich erkannt hatte, was alles hinter ihr stand: Der ganze Hof, ihr Mann, der Herzog, besonders die Herzogin, die sich zu ihr hingezogen fühlte, mein Weiterkommen, die Sorge um ihre Kinder, ihre Eifersucht, sie war leicht zu beleidigen von einem Bürgerlichen … etc. pp., da tat sich ein Abgrund auf, und ich beschloss, um Gottes Willen keine Fehler in der Kommunikation zu machen!

ECKERMANN: Sie haben sich dem Hofton also angepasst?

GOETHE: Bei Hof herrscht eine ungewöhnlich genaue und überbetonte Kommunikation! – Alle Zwischentöne wurden gebraucht und abgewogen! – Der kleinste sprachliche Missgriff konnte Ungnade durch Serenissimus bedeuten. – Ich hab mich angepasst. Sie hatte ja Zimmermann, um sich mit ihm zu besprechen und ihm regelmäßig zu schreiben. Ich hatte niemanden, mit dem ich über sie sprechen konnte! Ich machte alles mit mir selbst aus. Natürlich war die Beziehung auch körperlich! Nur so kann man sie festnageln! Es waren auch praktische Gründe. Die Stein war die engste Freundin der Herzogin, und so nestelte ich mich doppelt an Herzog Carl-August fest. Aber ich war auch ein Kind in der Beziehung. Ich wollte mit ihr zusammen besser werden. Wir lasen nicht nur den Spinoza zusammen.

ECKERMANN: Sie hat das Wort Liebe gewiss anders verstanden als Sie. Sie brauchte wirkliche Liebe und nicht die Sprache der Empfindsamkeit!

GOETHE: Die Lüge und die Phrase sind ja bei Hof an der Tagesordnung! – Wieso sollte ich da nicht mitmachen?

ECKERMANN: Was war eigentlich mit dem Dichter Lenz, der nach Weimar zu Besuch kam? Es scheint fast, als hätte sie mit Lenzen Ihre Eifersucht zu erregen versucht?

GOETHE: Lenz war ein kleines Ungeheuer. Sie schrieb an jemanden: „Lenz ist kein Goethe!" Lenz hat eine große Eselei begangen. Er war von Charlotte abgewiesen worden und hatte über ihr Verhältnis zu mir herumerzählt. Ab und zu prahlte er selber damit, er sei ihr Geliebter gewesen. Er war ja sechs Wochen mit ihr allein auf ihrem Wasserschloss gewesen. Aber sie hat Lenz in diesen sechs Wochen auch geprüft und nicht für gut befunden. Da war sie sich sicher geworden. Immerfort musste ich ihr etwas schicken, Essen, Kleidung, ein Halsband, einen Ring oder ein Stück Torte. Stein muss das geärgert haben. Sie sagte zu mir: Stein wird früher oder später blödsinnig werden. Er kann die Begriffe im Kopf nicht richtig zusammenfügen. Ochsenmast, Hof, Tanzen und Schauspielen, mehr kann er nicht. Die Ehe mit ihm war auch Versorgung. Manchmal sagte sie: Ich kann dich jetzt eine Zeitlang nicht sehen. Es gibt zu viel Klatsch! Du brauchtest mehr Takt und Feingefühl! Ich glaube, Stein hat schon etwas gerochen, obwohl er eigentlich gleichgültig gegen mich ist. – Der Hof erzog nun einmal zum Taktieren. Sie wehrte sich auch gegen mich mit den Mitteln der Hofgesellschaft! Taktieren war am Hof die einzige Möglichkeit auf Reaktionen aus der Außenwelt! – Und nur nicht das Gesicht verlieren! Sie kam mit mir vom Regen in die Traufe, denn ihr Mann war auch gefährdet. – Nur nicht so stark wie ich! Er wurde aber in unsere Kommunikation oft mit einbezogen. Ich wusste, dass ich offiziell in diese Ehe nicht einbrechen konnte, ohne die Hofgesellschaft zu tangieren!

ECKERMANN: Es war ein Eiertanz.

GOETHE: Ich konnte auch gar nicht sicher sein, dass sie nicht ab und zu mit Stein schlief. Aber sie berechnete mich ganz genau, auf die Sekunde. – Denken Sie nur an die Affäre mit Lenz. Fast jede tiefe Beziehung wird früher oder später sexualisiert, wenn auch manchmal nur für einige Zeit! Unsere Beziehung war auch ziemlich früh definiert worden: „Denn es ist mehr als Beichte, wenn man auch das bekennt, worüber man nicht Absolution bedarf." Ich war schlau und beschränkte mich auf Banales. Sie hat mir in ihren Briefen auch viel gestanden, aber alles vernichtet. Wir sagten uns alles. Ich war einfach in eine Zeit hineingeboren, die von den Fesseln der Tradition frei war und ausschließlich durch Gefühle, Empfindungen und persönliche Überzeugungen lebte. Nicht die aristokratische Mode der Verfeinerung oder die Mode des Tages, sondern Sturm und Drang. Vulgäre Sprache, Lärm und Unhöflichkeit, waren an der Tagesordnung. Obwohl sie gläubig war, sah sie in mir einen gefallenen Engel, der mehr Verstand hatte als die übrigen. So schrieb sie am 10.5.76 an Zimmermann. Und so ist sie also für mich vom Glauben abgefallen! Sie verglich mich mit Christus, ich sie mit einer Heiligen, zu der ich sie aber nicht machen konnte.

ECKERMANN: Die Beziehung dauerte lange!

GOETHE: Ich konnte warten, da ich wusste, dass ich lange zu leben hatte. Ich musste ja existieren. Und ich war mir selbst und anderen gegenüber ehrlich – soweit es ging! Auch das Finanzielle spielte eine Rolle, ich war ja nie reich! – Ich hätte nie über unsere wirkliche Beziehung sprechen können. In der vornehmen Gesellschaft wird über das, was eigentlich interessiert, nur in Andeutungen und Nebensätzen gesprochen. Der Hofmann lobt, selbst wenn er neidet, nur um sich nichts zu vergeben. – Das hätte Christiane nie getan!

IV. Nach der Italienreise, Christiane

ECKERMANN: Erzählen Sie mir, warum Sie nach Italien gegangen sind. Über die Italienreise haben Sie ja ausführlich geschrieben, aber der Grund?

GOETHE: Ich habe sie wirklich geliebt, aber Liebe kann auch vergehen. Ich konnte einfach nicht mehr! Die Beziehung hat mich langsam vergiftet! Die Liebe ist, auch in glücklichen Zeiten, ein Kampf zwischen den Menschen! Meine Reise nach Italien war geplant. Ich hatte schon lange vorher Kontakt zu Tischbein in Rom aufgenommen. Er musste mir ja dort eine Wohnung besorgen. Wir waren ja auch sonst Monate getrennt, ich auf den Reisen mit dem Herzog, sie nach Ems, Wiesbaden oder Pyrmont. Mit der Flucht nach Italien hatte ich erstmal gewonnen! Und nach Rom habe ich überhaupt keine Alternativen mehr zu Charlotte gehabt. Zu Charlotte gab es keine Alternative. Christiane war ja auch keine.

ECKERMANN: Wie standen Sie wirklich zu Ihrer Frau?

GOETHE: Christiane war etwas gegen die Lebenslangeweile, die jetzt kommen würde. Sie war ein Erotikon. Das christliche Säkulum hat alle diesseitig orientierte Kultur zunichte gemacht! – Wie ich damals bei der Stein um ein bisschen Erotik betteln musste! Als ich nach Rom aufbrach, wusste ich selbst nicht, wie weit ich kommen würde. – Aber ich musste einfach nach Süden, zu den Heiden! Ich war des Herzteilens lange überflüssig. Und das mit Christiane war auch nicht so spontan, wie es hinterher schöngeredet wurde: „Aus vielen hundert gefunden"! – Sie ist ausgeguckt worden! – Wie sollte ich auch, nach Italien, so schnell an einen Bettschatz gekommen sein? – Zufall? – Den Augenblick ergreifen? – Nein, das war fein eingefädelt. Sie übergab mir die Bittschrift, und alles andere war schon ausgemacht! – Es war leer in Weimar, und ich dürstete. Und ich war zehn Jahre lang Knecht, jetzt wollte ich eine Frau haben, die von mir abhing. Und nach zehn Jahren Kälte wollte ich nur noch Kuhwärme! Ich schrieb Charlotte, sie solle die Sache von einem natürlichen Gesichtspunkt ansehen, aber sie schrieb nur an ihre Freundinnen: „Er ist sinnlich worden." Ich nahm mir ein Mädchen aus dem Volk, denn aus Rom wusste ich, dass eines wie das andere ist. Da brauchte ich nicht groß zu wählen. Ich habe immer nach Vorbildern gelebt. Für mich war es Rousseau. Meine Frau von Warens war die Stein. Meine Tellerwäscherin Thérèse Lavasseur war die Blumenmacherin Christiane Vulpius. Es rührte mich, wie sie sich um ihren Bruder sorgte. Ich hatte ja selbst eine solche Schwester gehabt! Sie war trotz ihrer Unbildung eine starke Persönlichkeit.

ECKERMANN: Das glaub ich gern!

GOETHE: Ich kenne keine Frau, die mich so durchschaut hat wie die Stein. – Wäre sie damals noch in Karlsbad gewesen, hätte ich nicht reisen können. Sie hätte es gemerkt und mir dazu geraten! – Aber in Karlsbad verkleinert man sich. – Da konnte man leicht verschwinden! Und jetzt eine Bürgerliche aus den untersten Ständen. Mein Vater mochte die Adligen nicht: „Seidene Buben!" und ich, als ich erst einmal adlig war, auch nicht mehr. Charlotte hätte ja nach Italien zu ihrem Mann zurückfinden können. Aber das tat sie nicht! Der geistige Graben zwischen beiden war von Anfang an zu tief! Aber nach Italien wollte ich in Weimar bleiben! – Es war va banque. Ich wusste damals gar nichts, nicht einmal, was aus mir werden würde! Ich war ihrer überdrüssig und kam nicht von ihr weg! Bettina von Arnim hat es damals erkannt und an Varnhagen geschrieben. Die zwei Jahre in Italien haben meine inneren Systeme vollkommen umgestellt. Das damals Gefühlte habe ich in meinem Tasso und der Iphigenie aus der Prosa in eiskalte Verse gegossen! Man hatte auch in der Prosa die Nähe zur Stein allzu leicht erkennen können! Ich habe dort neue Sophismen für die Beschreibung von

Innerlichkeit, sagen Sie ruhig Liebe, gefunden! Am Ende sind die Gefühle doch nur die Worte, die man über sie sagt!

ECKERMANN: Sie konnten sich doch gar nicht sicher sein, dass die Stein Ihre Anordnungen aus Italien nicht boykottieren würde, die Anordnung zum Sammeln, Heften, Umschreiben Ihrer Briefe!

GOETHE: Ich war mir ganz sicher! – Sie war trotzdem stärker als ich und hat sich auch von meiner Italienreise nicht demütigen lassen. So war sie erst recht die Sonne, der Mittelpunkt! Man kann eigentlich nie so gut lügen, als wenn man sein Innerstes preisgibt. – Denn Reden und Schreiben ist das eine, Handeln das andere!

V. Im Alter, Hof und Nachbarschaft verbinden, Goethes Resümee

ECKERMANN: Ziehen Sie ein Resümee, Exzellenz! Sie relativieren ja alle Begriffe, allein durch Ihre Briefe und Ihre Lebensleistung. Die Literatur nicht eingerechnet! Wenn Sie vorhatten, die Pyramide Ihres Daseins möglichst hoch in die Luft zu spitzen, dann steht doch Ihre ganze Fürsorge für das Weimarer Herzogtum zu diesem Satz in Widerspruch! Haben Sie dabei nicht auch ein wenig an sich selbst gedacht?

GOETHE: Ich habe mich am Politischen immer mit dem Wort „Weltliteratur" vorbeigemogelt! Jedenfalls öffentlich! Wer aufs große Ganze der Literatur schielt, der sieht keinen Anlass, an den einzelnen politischen Verhältnissen zu rütteln. Ich habe ja im Werther geschrieben, dass die politischen Verhältnisse unverrückbar sind, nur dass sie mir selbst nicht schaden sollen. Ich habe von Charlotte gelernt, mich fasslich auszudrücken, da mein Geist oft im Imaginären und Ungefähren schwebte! Ich habe mich ihrer einfachen klaren Sprache angepasst und dadurch meine eigene Schreibweise beträchtlich erweitert! Wir waren beide Dilettanten. Am Ende setzte sich doch mein Ruf, auch in der Öffentlichkeit, durch!

ECKERMANN: Sie mussten schon sehr an sich glauben, um all das zu verwirklichen, was Sie in Ihrem Leben geleistet haben!

GOETHE: Ja, zum Höheren, zum Besseren, die ersten zehn Jahre mit der Stein zusammen! Ich habe Sie, Eckermann, ja vor zwei Jahren auch in meine Netze eingebunden, so habe ich es auch mit der Stein gemacht. – Trotz ihrer Ehe! Trotz ihres Iphigenienblickes hatte sie etwas eigenartig Bizarres, das durch die Hofmaske verdeckt wurde! – Sie lebte in ihrer Ehe ja weiter! Aber sie stellte an mich genauso hohe Ansprüche wie meine Schwester, und denen musste ich ja nachkommen! Ich mochte Frauen, die mich beherrschten. Rousseau war mein Vorbild. Ich habe meine Leidenschaften nur nicht, wie er, öffentlich bekannt. Christiane war ja auch eine Herrscherin. Ich trank aus ihrem durchtanzten Schuh meinen Wein! Charlotte war durch den Hof erzogen worden! Und da war alles Maske! – Und unter einer Maske vermag man alles! Sie übernahm sogar meine Manier, ihre Briefe mit Semikolons zu spicken! Und ich habe über nichts, was mich wirklich berührte, geschwätzt. Ich habe alles in meine Dichtungen eingebracht! Ja, diese Produkte sind kalt, bis auf meine Briefe an Charlotte! Die werden einmal Furore machen. Die Welt ist mit symbolischen Handlungen voll! Und ich musste ja Carl-Augusts Vertrauen rechtfertigen, und das konnte ich nur dadurch, dass ich verschwiegen war. – Ich habe über alles und jedes geschwiegen, auch über das, was zwischen mir und der Sängerin Corona Schröter war. Der Hof musste ja seine Kapriolen auch verstecken, denn auch im Absolutismus war man auf das Stillhalten des Volkes angewiesen. – Man hatte ja Frankreich vor Augen! Aber eigentlich hatte man Picks auf das gewöhnliche Volk!

ECKERMANN: Haben Sie Frau von Stein geliebt?

GOETHE: Ich liebte sie, wie man in der damaligen Zeit liebte, mit dem Kult der Empfindsamkeit. Und meine Herzensergießungen waren oft weit hergeholt! Aber das Praktische überwog! Sie musste auch zittern. Wenn Stein sie verließ, war Kochberg weg, und so arrangierten wir uns! Wir schrieben ja damals alle, als müssten wir unsere Gefühle vor einem Höheren rechtfertigen! Aber so nüchtern, wie sie dachte, hatte sie vor dem Tier mit zwei Rücken keinerlei Hemmungen! Das war für sie etwas Alltägliches, dass sie zehn Jahre mitgemacht hatte. Ich hingegen war Jungmann! Die Angst vor Kindern! Aber unsere Kommunikation war vor und nach dem „Bruch" vollkommen organisiert und beherrscht. Damals sprach man eben viel von Liebe! Auch wenn Übertreibungen und Herzensergießungen in der Zeit allgegenwärtig waren, lässt sich aus meinen Briefen doch ein Gefühl herauslesen!

ECKERMANN: Ein Liebhaber muss sich bescheiden.

GOETHE: Die Beziehung war für mich die einzige Möglichkeit, mich dem Adel ebenbürtig zu zeigen. Eine Adlige liebte mich! Aber ich bin auch zum ersten Mal auf eine Frau getroffen, die mein Scharwänzeln durchschaut hatte, mich aber trotzdem mochte! Erinnern Sie sich noch, dass wir einmal über eine Pfauhenne gesprochen haben, die mich im Gartenhause besuchen kam und eine beliebte Speise wollte?

ECKERMANN: Eine starke Frau!

GOETHE: Stark, das heißt auch dumpf! Bei mir geschah alles aus dem Moment heraus. Und alle haben's gewusst! – Man durfte nur nicht mit seinen Erfolgen prahlen! So wie man andere durchschaut, ist man auch selbst für andere durchlässig! Ich habe schon als junger Mann bemerkt, dass ungewöhnliche Offenheit den anderen lähmt, brüskiert und ruhig stellt! Ich habe in meinem Leben oft davon Gebrauch gemacht! Man kann sich auf nichts verlassen als auf die eigene Intuition. Und das Rätsel öffnet den anderen! Das Offenkundige zu leugnen, das reizt die Nachwelt! Denn den Wörtern wird immer nur halb geglaubt! In meinen Briefen war alles ernst, ich bekam mich aber durch das Schreiben auch unter Kontrolle! Man wird mich eine Zeitlang vergessen, denn seit dem Werther habe ich nichts Vernünftiges mehr geschrieben. Aber wenn meine Briefe an diese Frau gedruckt werden, wird man mich wieder entdecken! Ich habe die Zahl der Sophismen, die uns für das Gefühlsleben zur Verfügung stehen, durch diese Briefe ins Unendliche vergrößert! Ich habe in Anspielungen gesprochen, und in Mythen.

ECKERMANN: Ich kann gar nicht glauben, dass man sich so verstellen kann.

GOETHE: Ja und Nein! Pietismus und Hofgesellschaft, das war eine merkwürdige Mischung! Man gab gern Gefühle preis, wusste aber nicht genau, ob die preisgegebenen Gefühle auch stimmten!

VI. Die Begegnung

Ein Diener kommt herein und sagt Eckermann etwas.

ECKERMANN: Es ist jetzt acht Uhr, und Frau von Stein hat sich gerade bei Ihnen ansagen lassen. Sie kommt die wenigen Meter in ihrer Kutsche vorgefahren, wird die Treppe hinauf und dann zu Ihnen ins Zimmer hineingetragen.

GOETHE: Bringen Sie mir mein Hörrohr und mein Lorgnon, Eckermann, sie sieht und hört nichts mehr!

Eckermann holt die Sachen aus einem der hinteren Zimmer und legt sie auf den Tisch. Frau von Stein wird auf einem Stuhl hineingetragen. Im Rüschenhäubchen, einem weißen Kleid und einer Mantilla darüber. Ihr Gesicht, ehemals schön, schmal, aber von Entsagung geprägt.

CHARLOTTE: Guten Abend! – Ich habe mich kurz herübertragen lassen, bevor mich der Weltgeist zu sich holt. Ich kann nicht sagen, ob mein Befehlshaber im Oberhaus mir ein langes Bleiben gestatten wird! *(Sie nimmt das Hörrohr.)*

GOETHE: Sie haben ja schon ein Stühlchen! Es sind jetzt fünfzig Jahre! – Das waren Zeiten damals! Meine ersten zehn Jahre sind mir manchmal ganz dumm vorgekommen, soviel Gewöhnliches musste ich treiben! Ich war ja auch Maître de plaisir! Außer der Sonne, dem Mond und den ewigen Sternen habe ich niemand zu Zeugen dessen gelassen, was mich damals gefreut oder geängstigt hat.

CHARLOTTE: Es ist hier angenehm warm. Damals im November vor fünfzig Jahren war es kälter. Sie haben damals Mut und Fröhlichkeit in diesen ganzen kleinen Zwergstaat gebracht und auch den Fürsten becirct!

GOETHE: Man muss nur sich und den Verhältnissen Zeit lassen. Die treibende Kraft, die mich an den Weimarer Hof gebracht hat und dort gehalten hat, ist aber Knebel gewesen! Ohne Knebel wäre auch die Verbindung mit Ihnen zerbrochen!

CHARLOTTE: Sie sprechen immer noch rätselhaft!

GOETHE: Ja, die Vergangenheit! Es sind die Erinnerungen, die mich zerreißen! – Das, was der Mensch an sich bemerkt und fühlt, scheint mir der geringste Teil seines Daseins! Haben Sie meine Briefe noch?

CHARLOTTE: Ihre Briefe kann ich nicht verbrennen, ich würde mir ein Gewissen daraus machen, etwas so Hübsches zu zerstören, obwohl ich merke, dass ich gar keinen Respekt vor den schönen Geistern mehr habe.

GOETHE: Mir war es recht, dass Sie Ihre Briefe wieder an sich nahmen, denn Christiane war auch eifersüchtig!

CHARLOTTE: Bei mir vernarbt keine Wunde! Es war schön in der lustigen Clubgesellschaft im Redoutensaal.

GOETHE: Ich habe Ihnen ja schon damals gesagt, dass Sie es nicht so genau nehmen dürfen mit meinem zerstreuten, zerrissenen Wesen!

CHARLOTTE: Mir wollte das Zutrauen zu Ihnen nicht wieder werden!

GOETHE: Sieben Jahre stillsten Schweigens sind auch an mir nicht spurlos vorübergegangen! – Mein kleines Erotikon ist tot! Ich hatte in Italien ein vortreffliches Mittel, um mich im Leiden wieder empor zu ziehen: Die Arbeit! – Und so halte ich es heute noch, wenn ich mich schlecht fühle. Und wenn man in die Welt, ja zurück zu seinen Freunden kommt, so sieht man, dass außen keine Spur vorhanden ist, von dem, was einen innerlich beschäftigt.

CHARLOTTE: Als ich von Ihrem Verbleib in Italien hörte, lag ich angekleidet auf dem Bett, konnte aber vor Herzpochen nicht ruhen! Ich bin durch Ihren Abschied von allen mir noch bevorstehenden Schmerzen geheilt worden; ich kann alles dulden und alles verzeihen. Ich habe früh gelernt, Kränkung still zu ertragen, Unrecht hinunterzuschlucken und mich mit Lächeln den Großen und Reichen anzupassen. Ohne diese Schule hätte ich Ihren Weggang nach Italien nicht ausgehalten. Ich schützte den Flüchtling in meinen Briefen ja noch vor seinen Freunden.

GOETHE: Die Welt bleibt immer dieselbe!

CHARLOTTE: Das ist nicht just! Mir ist's oft, als wenn sich's nicht der Mühe verlohnte, in die Welt zu kommen. Das hat der Prediger Salomon schon gesagt! Ich bin unzufrieden mit mir, dass ich meinen Gefühlen noch immer nicht gegen die Begebenheiten des Lebens habe verhärten können. Bei mir vernarbt keine Wunde! Und jetzt steht mir noch der Salto Mortale bevor!

GOETHE: Ich glaube, dass diejenigen für dieses Leben tot sind, die kein anderes erhoffen! Die ganze

Welt ist voll armer Teufel, denen mehr oder weniger Angst ist. Andere, die den Zustand kennen, sehen geduldig zu, wie sie sich dabei gebärden. Es sagt keiner dem anderen: Das und das ist dein Zustand, und so musst du es machen. – Sie waren die Einzige, die meinen Zustand erkannt hat und mir sagte, wie ich's machen muss!

CHARLOTTE: Trotzdem! Manchmal werfe ich die Zeitung vor Zorn auf die Erde, sage mir dann, dass es mich nichts angeht, aber die Menschheit ist doch ein Ganzes. Ich bin für mein Geistiges zu alt geworden, und das Wesen der Welt erdrückt mich!

GOETHE: Ich kann Ihre Sätze teilen, aber nicht ganz! – Unter Vielen ist vielerlei Meinung!

CHARLOTTE: Ich habe die Sprache beinahe verloren, höre gar nicht mehr und meine Augen sind verdunkelt! Das Reden wird mir schwer, der Atem versagt. Dabei gänzlich taub, sitze ich wie ein Monument. So werde ich das rätselhafte Dasein bald vollendet haben. Was Sie betrifft, ich hatte ein untrügliches inneres Gefühl dafür, dass Sie innerlich ganz anders sind!

GOETHE: Ja, es war unheimlich!

CHARLOTTE: Hätte ich Sie denn nach Italien wie eine Mutter den verlorenen Sohn aufnehmen sollen? – Ich war ja nie Mutter für Sie, sondern Geliebte!

GOETHE: Die Unausweichlichkeit des Konfliktes, der durch die biologische Struktur der menschlichen Spezies verursacht ist, kann diesen Konflikt nie lösen.

CHARLOTTE: Sie haben mir damals versprochen, nie zu heiraten!

GOETHE: Ihre schnellen, kalten Urteile haben mich damals abgehalten.

CHARLOTTE: Als Sie aus Italien kamen, konnte man nicht mehr in Ihre Atmosphäre hinein! Alle meine Gedanken, wie ich mit Ihnen einen Reichtum des Geistes in meinem Alter finden würde, sind mir Träume geblieben.

GOETHE: Sie waren eine von den großen Charakteren! – Eigentlich wir beide. Und jetzt sind wir alt!

CHARLOTTE: Wenn man alt wird, fühlt man erst recht, wie notwendig einem der Tod ist, um von allen Schmerzen auszuruhen, die man im Leben hat ertragen müssen.

GOETHE: Die Welt ist auf gesunde Wesen kalkuliert. Aber damals habe ich Sie geliebt und verehrt!

CHARLOTTE: Sie wollten das schon von der Natur Geduckte noch mehr ducken! Die schönen Geister sind und bleiben nun einmal ein närrisches Volk! Genies habe ich immer misstraut! Mein Herz ist nach und nach versteinert. Und wenn Ihr Sohn August nicht so oft zu mir herüber gekommen wäre, wäre es ganz zu Marmor geworden!

GOETHE: Ganz ohne Frage!

CHARLOTTE: Ich bin durch Ihren Abschied von allen mir bevorstehenden Schmerzen geheilt worden; ich kann alles dulden und alles verzeihen.

GOETHE: Es ist eine absurde Welt, die nicht weiß, was sie will!

CHARLOTTE: Trotzdem möchte ich meine Sicherheit nicht in Ihre Hände legen, da Ihre Moral von Ihrer Küche abhängt.

GOETHE: Was in den inneren Systemen vorgeht, lässt sich nur an den Symbolen erkennen! – Und die hatte ich erkannt! Erinnern Sie sich noch an Dr. Zimmermann? – Er hat uns ja überhaupt erst zusammengebracht!

CHARLOTTE: Ich war damals gar nicht so überlegt wie Sie denken. Mir gefiel auch Ihr Gesicht, Ihr Aussehen! Stein war ja auch ein schöner Mann! Aber ich zog mich immer zurück, wenn Sie etwas taten, was mir nicht passte! Sie waren zwar nicht von Stand, aber Ihr ganzes Auftreten ließ Ihre bürgerliche Herkunft vergessen. Der Verstand muss kultiviert sein bei Hofe, und Ihrer war's! Aber Sie haben zwei Naturen in sich, eine hohe und eine gemeine!

GOETHE: Sie waren ein Genie in der Handhabung menschlicher Beziehungen. Alles, was ich vorhatte, errieten Sie, drängten mich dazu und verhinderten es so. – Der Mensch kommt ungern einem Befehl nach, wenn er spontan handeln kann!

CHARLOTTE: Herders philosophische Schriften machen wahrscheinlich, dass wir erst Pflanzen und Tiere waren. Was nun die Natur weiter aus uns stampfen wird, wird uns wohl unbekannt bleiben. Sie waren für mich immer eine Höherentwicklung des Produktes Mensch!

GOETHE: Gegen das Unnatürliche kämpft die Natur selber! Da waren am Hof lauter ungewöhnliche Leute zusammen, die nicht an sich, sondern an das Morgen dachten!

CHARLOTTE: Wenn man anfängt zurückzudenken, weiß man nicht recht in den Zusammenhang der Dinge zu finden. Da kommen Lehrer und weisen einen zurecht. Das glaubt man alles treuherzig, bis man denn zuletzt alles ganz anders findet – und wieder nicht weiß, woran man ist. Warum haben Sie so viel gelogen?

GOETHE: Ich habe die Wahrheit selten in meinen Briefen ausgedrückt, sondern sie lieber in meine Werke fließen lassen!

CHARLOTTE: Dass Sie mich irgendwann verlassen würden, war mir längst klar! – Aber Sie leben auch in der Zeitlichkeit! Mit Anmut sterben Sie nicht! Wie manches Übel ist schon mit diesem Leben verbunden, und dann hängt man noch ein eingebildetes daran! Ich habe mir auch in meiner Jugend ein phantastisches Bild gemacht, wie ein Ehemann ganz anders sein müsste, als ihn die Natur gemütet hat. Wie oft habe ich mich über des armen Stein unrichtigen Gang der Begriffe und Handlungen geärgert! Wer weiß, wie viele Menschen sich fremdbleiben, die sich eigentlich angehörten. Nur wer recht geliebt hat, kann und muss an eine Zukunft glauben!

GOETHE: Sie hatten ja noch Ihre Freunde und besonders die Herzogin!

CHARLOTTE: Bei der Herzogin legte doch der Unterschied des Standes mir etwas in den Weg! Und der Herzog mischte sich in die allergewöhnlichsten menschlichen Umstände seiner Untertanen ein!

GOETHE: Sie und die Herzogin Louise waren von hartem Metall!

CHARLOTTE: Die Denkungsart der Herzogin ging täglich mehr von der meinen ab, und so musste ich entweder falsch sein oder mit ihr streiten. Wenig von meinen Wünschen und Hoffnungen hat das Schicksal mir gewährt, ob sie gleich sehr mäßig waren! Warum beneidet man mich? Dass ich ein bisschen mehr Verstand wie andere Menschen habe?

GOETHE: Verstand habe ich auch!

CHARLOTTE: Sie haben eigentlich nur eine Schwäche des Herzens; dies habe ich lange für Güte gehalten! Das Glück sucht meistenteils Taugenichtse aus! Von je her führten Sie den anderen, ohne dass er eine Ahnung davon hatte, in Quark! Die schönen Geister trocknen einem das Leben aus!

GOETHE: Sie sind bitter geworden!

CHARLOTTE: So sehr ich gegen alles gehärtet bin, was die Ehrsucht kränkt, so opferte ich eher mein Glück auf, als dass ich mich moralisch verkleinerte.

GOETHE: Es ist besser, die Schmerzen der Liebe zu ertragen, als an Langeweile zugrunde zu gehen! Man lebt nicht vom Verstand allein!

CHARLOTTE: Mir deucht, die Kunstgefühle erkälten das Herz.

GOETHE: Die echte menschliche Natur ist schlangenartig.

CHARLOTTE: Ich habe Menschen, die bon mots sagen, immer im Verdacht, unzuverlässige Menschen zu sein! *(zu Eckermann)*: Was Goethe sagt, sind für mich bon mots! Aber alles, was durch seine Vorstellung gegangen ist, ist für mich interessant!

GOETHE: Denken Sie immer wieder an die schöne Zeit damals zurück!

CHARLOTTE: Die schöne Zeit, die grüne Jugendzeit, die zwar nicht vergeht, doch oft sich verpuppt wie die Schmetterlinge.

GOETHE: Nichts geht ganz verloren, was nicht den Keim des Wiedererleben irgendwo zurücklässt!

CHARLOTTE: Wenn ich bald den Äther bewohnen werde, wird es vielleicht leichter, Ihnen meine Gedanken zu übermitteln. – Dass ich mich in das Universum immer mehr verirre, macht mir die Welt konfus.

GOETHE: Gott und das Schicksal scheren mich nicht. Ich bin Heide, eigentlich aber freigeistlich!

CHARLOTTE: Sie wollen mich wieder mit einem bon mot abfertigen! Wenn man nur mit lauter Vernunft in dieser Welt leben könnte, und das Gefühl könnte zur Seite legen.

GOETHE:

> *Euch gibt es*
> *Zwei Dinge*
> *So herrlich und groß:*
> *Das glänzende Gold*
> *Und der weibliche Schoß ...*

Für Euch sind zwei Dinge
Von köstlichem Glanz,
Das leuchtende Gold
Und ein glänzender Schwanz ...

CHARLOTTE: Wohl kamst du durch; so ging es allenfalls.
Mach's einer nach und breche nicht den Hals.

Nachwort

Das vorliegende Sprechstück ist eine suchende Antwort auf K. R. Eisslers psychoanalytische Goethe-Studie. Vielleicht hat Eissler Recht damit, dass Goethe erst in Italien mit einer Frau zusammen war. Aber Deduktionen, die auf einer so fragwürdigen Theorie wie der von Freuds Psychoanalyse beruhen, sind ebenfalls fragwürdig! Ich habe in meinem Sprechstück nur das vorhandene Material neu zusammengestellt. Es ist ein ebensolcher Sophismus, wie die Deduktionen der Psychoanalyse oder die Überlegungen der Literaturwissenschaft! Wenn man nur eine einzige Idee hat, ordnet sich dieser Idee alles unter! Wenn man tiefer in eine Persönlichkeit eindringt, wird jeder Mensch zum Fall! Goethe ist ein Kontinent, den es täglich neu zu entdecken gilt.

Koblenz, im September 2015